Impressum
Verlag: BABADADA GmbH, Nedderfeld 112 , 22529 Hamburg
Geschäftsführer / Verlagsleitung: Harald Hof
Druck: Books on Demand GmbH, In de Tarpen 42, 22848 Norderstedt

Imprint
Publisher: BABADADA GmbH, Nedderfeld 112 , 22529 Hamburg, Germany
Managing Director / Publishing direction: Harald Hof
Print: Books on Demand GmbH, In de Tarpen 42, 22848 Norderstedt, Germany

shkolla
школа

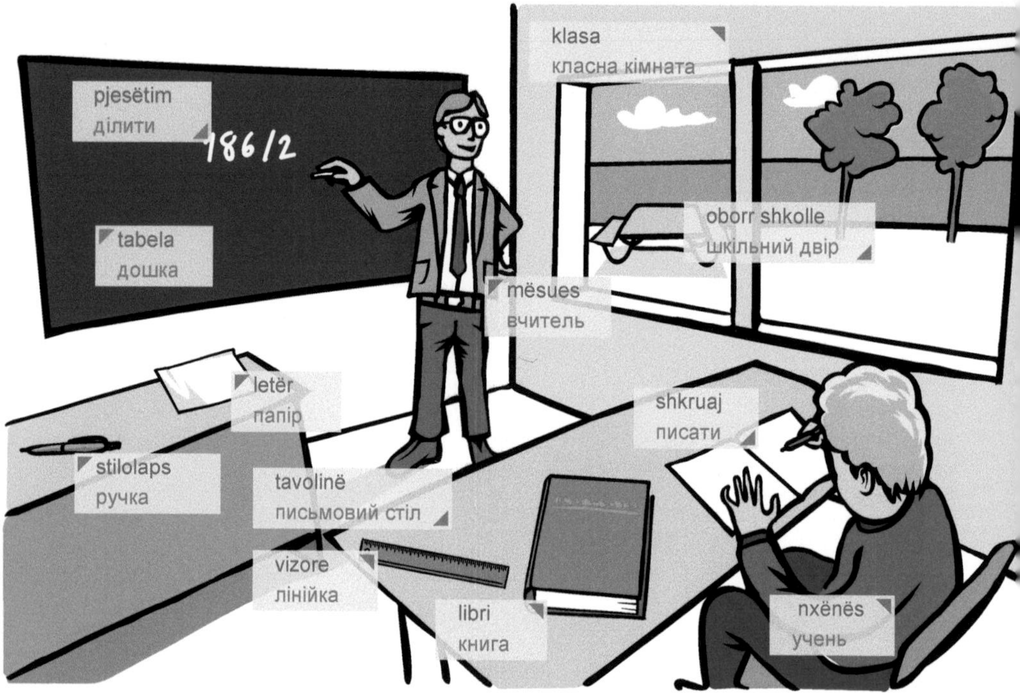
klasa
класна кімната
pjesëtim
ділити
186/2
tabela
дошка
oborr shkolle
шкільний двір
mësues
вчитель
letër
папір
shkruaj
писати
stilolaps
ручка
tavolinë
письмовий стіл
vizore
лінійка
libri
книга
nxënës
учень

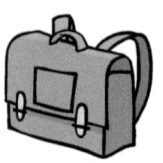

çantë

ранець

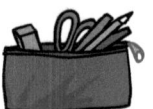

mbajtëse lapsash

пенал

laps

олівець

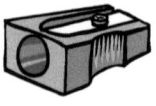

mprehës lapsash

точило

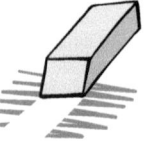

gomë

гумка

fletore vizatimi

альбом для малювання

vizatim

малюнок

penel

пензель

kuti bojërash

коробка фарб

gërshërë

ножиці

ngjitës

клей

fletore detyrash

зошит

detyrë shtëpie

домашнє завдання

numër

число

mbledh

додавати

zbres

віднімати

shumëzoj

множити

llogaris

рахувати

gërmë

літера

alfabeti

абетка

fjalë

слово

tekst

текст

lexoj

читати

shkumës

крейда

mësim

година

regjistër

класний журнал

provim

екзамен

çertifikatë

диплом

uniformë shkolle

шкільна форма

arsimim

освіта

enciklopedia

лексикон

universitet

університет

mikroskop

мікроскоп

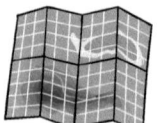

hartë

карта

kosh letrash

кошик для паперу

udhëtim

подорож

hotel
готель
Grand
bujtinë
турбаза
ROOMS
pikë këmbimi valutor
обмінний пункт
CHANGE
valixhe
валіза
mákinë
автомобіль

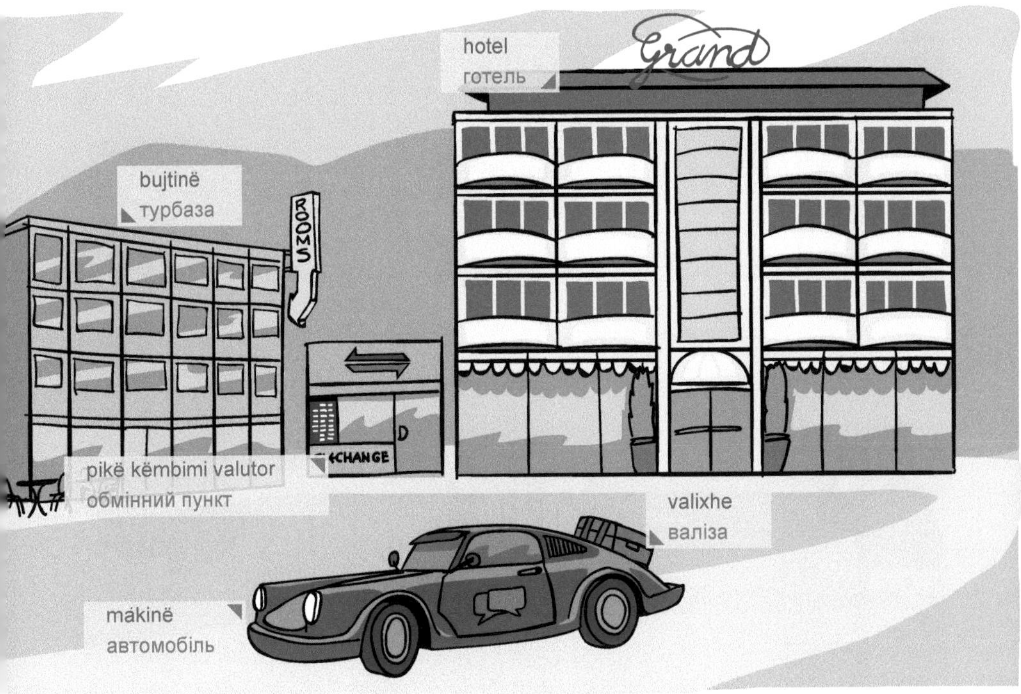

gjuhë

мова

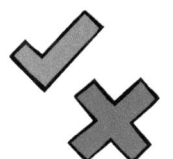

po / jo

так / ні

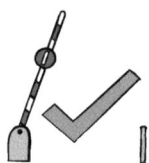

Në rregull

добре

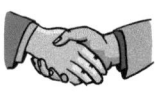

ç'kemi

привіт

përkthyes

перекладач

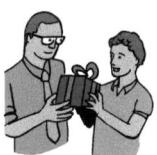

Faleminderit

дякую

sa kushton…?
Скільки коштує …?

nuk e kuptoj
Я не розумію

problem
проблема

Mirëmbrëma!
Добрий вечір!

Mirëmëngjes!
Доброго ранку!

Natën e mirë!
На добраніч!

mirupafshim
До побачення

drejtim
напрямок

bagazhet
багаж

çantë
сумка

çantë shpine
рюкзак

mysafir
гість

dhomë
кімната

thes gjumi
спальний мішок

tendë
намет

udhëtim - подорож

informacion për turistët

туристична інформація

plazh

пляж

kartë krediti

кредитна картка

mëngjes

сніданок

drekë

обід

darkë

вечеря

Biletë

квиток

ashensor

ліфт

pulla

поштова марка

kufi

межа

doganë

митниця

ambasadë

посольство

vizë

віза

pasaportë

паспорт

transport
транспорт

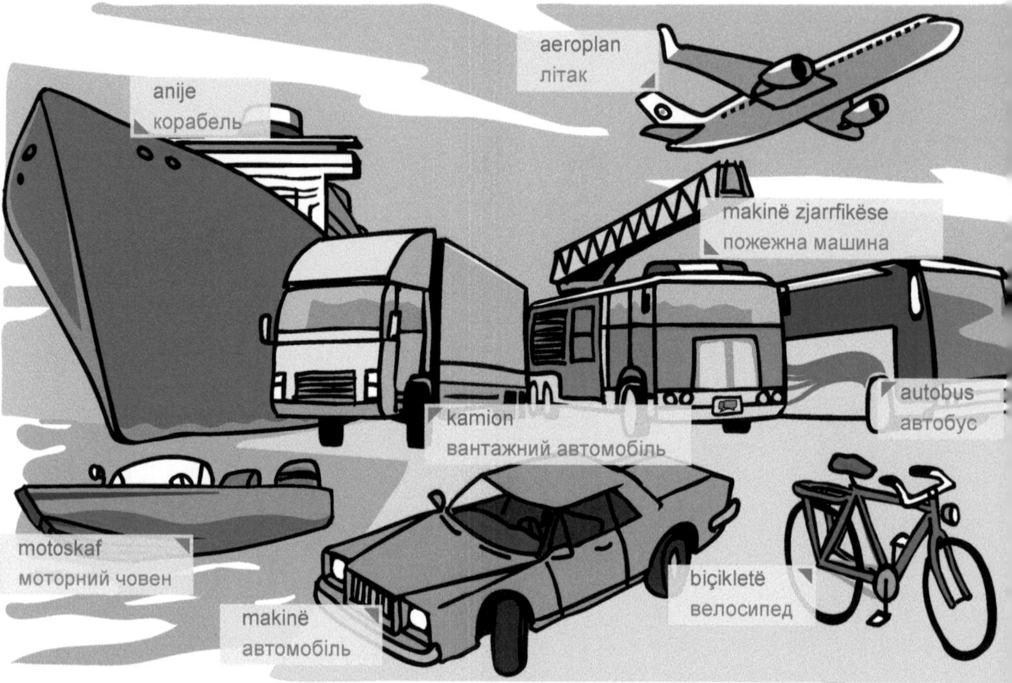

aeroplan
літак
anije
корабель
makinë zjarrfikëse
пожежна машина
autobus
автобус
kamion
вантажний автомобіль
motoskaf
моторний човен
biçikletë
велосипед
makinë
автомобіль

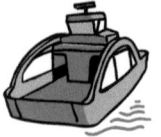

traget

пором

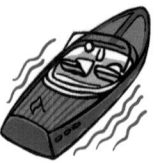

varkë

човен

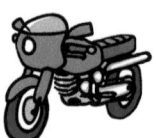

motoçikletë

мотоцикл

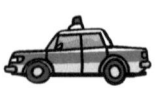

makinë policie

поліцейська машина

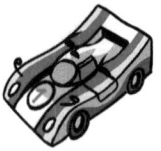

makinë garash

гоночний автомобіль

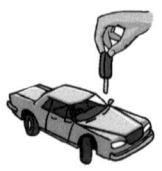

makinë me qira

автомобіль на прокат

arje e qirasë së makinës

....

ільне користування авто

karroatrec

....

евакуатор

makinë plehrash

....

сміттєвоз

motor

....

двигун

benzinë

....

паливо

pikë karburanti

....

автозаправна станція

sinjalistikë trafiku

....

дорожній знак

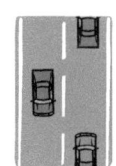

trafik

....

рух

bllokim trafiku

....

затор

parkim makinash

....

стоянка

stacion treni

....

вокзал

trase

....

рейки

tren

....

потяг

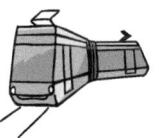

tramvaj

....

трамвай

karro

....

вагон

transport - транспорт

helikopter
гелікоптер

aeroport
аеропорт

kullë
вежа

pasagjer
пасажир

kontenier
контейнер

kuti kartoni
коробка

qerre
візок

shportë
кошик

ngrihem / ulem
стартувати / приземлятися

qytet

місто

fshat
село

qendra e qytetit
центр міста

shtëpi
дім

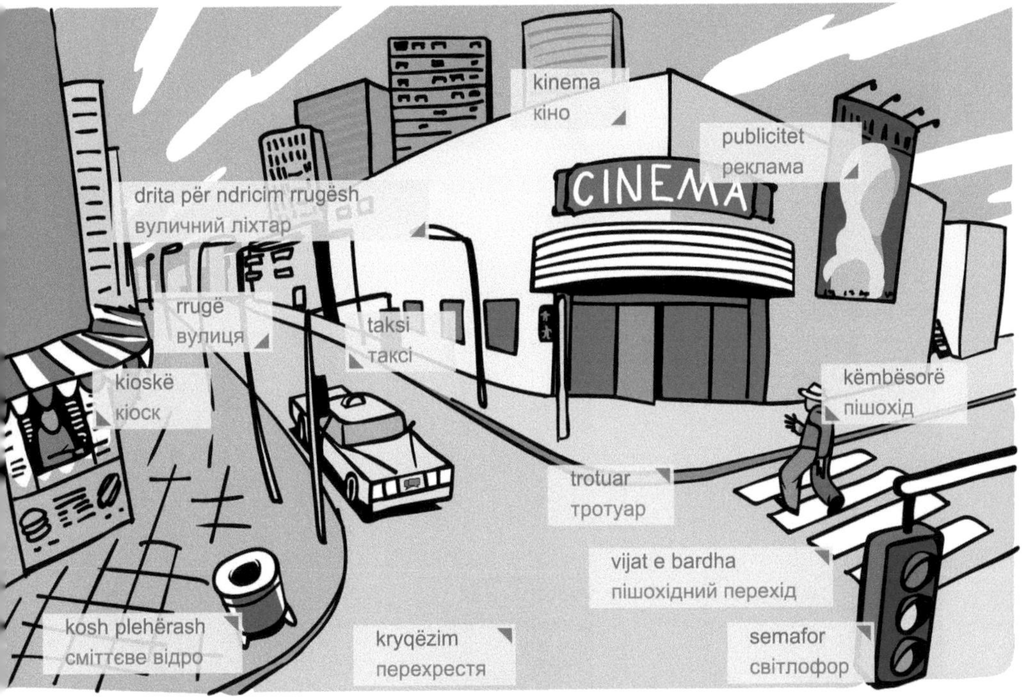

kinema
кіно

publicitet
реклама

drita për ndricim rrugësh
вуличний ліхтар

CINEMA

rrugë
вулиця

taksi
таксі

kioskë
кіоск

këmbësorë
пішохід

trotuar
тротуар

vijat e bardha
пішохідний перехід

kosh plehërash
сміттєве відро

kryqëzim
перехрестя

semafor
світлофор

kasolle
хатина

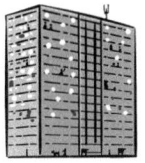

apartament
квартира

stacion treni
вокзал

bashki
ратуша

muze
музей

shkolla
школа

universitet

університет

bankë

банк

spital

лікарня

hotel

готель

farmaci

аптека

zyrë

офіс

librari

книжковий магазин

dyqan

магазин

dyqan lulesh

квітковий магазин

supermarket

супермаркет

market

ринок

маро

універмаг

dyqan peshku

торговець рибою

qëndër tregtare

торговельний центр

port

гавань

park

парк

stol

лава

urë

міст

shkallë

сходи

metro

метро

tunel

тунель

stacion autobuzi

автобусна зупинка

bar

бар

restorant

ресторан

kuti postare

поштова скринька

sinjalistikë rrugore

вулична табличка

kohëmatës parkimi

лічильник паркування

kopsht zoologjik

зоопарк

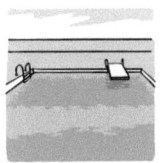

pishinë

басейн

xhami

мечеть

fermë

ферма

ndotje

забруднення
навколишнього
середовища

varrezë

кладовище

kishë

церква

shesh lojërash

дитячий майданчик

tempull

храм

peisazh

ландшафт

gjethe
листок

tabela orientuese
вказівний стовп

rrugë
шлях

livadh
луг

gurë
камінь

ekskursionist
мандрівник

pemë
дерево

lumë
річка

bar
трава

lule
квітка

luginë
долина

kodër
гора

liqen
озеро

pyll
ліс

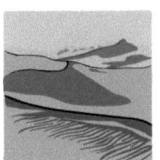

shkretëtirë
пустеля

vullkan
вулкан

kështjellë
замок

ylber
веселка

kepudhë
гриб

palmë
пальма

mushkonjë
комар

mizë
муха

milingonë
мурашка

bletë
бджола

merimangë
павук

peisazh - ландшафт

brumbull

жук

bretkosë

жаба

ketër

вивірка

iriq

їжак

lepur

заєць

buf

сова

zog

птах

mjellmë

лебідь

derr i egër

кабан

dre

олень

dre brilopatë

лось

digë

гребля

turbinë ere

вітряк

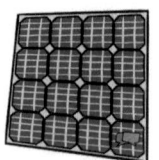

panel diellor

сонячний модуль

klimë

клімат

restorant
ресторан

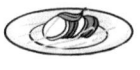

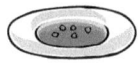

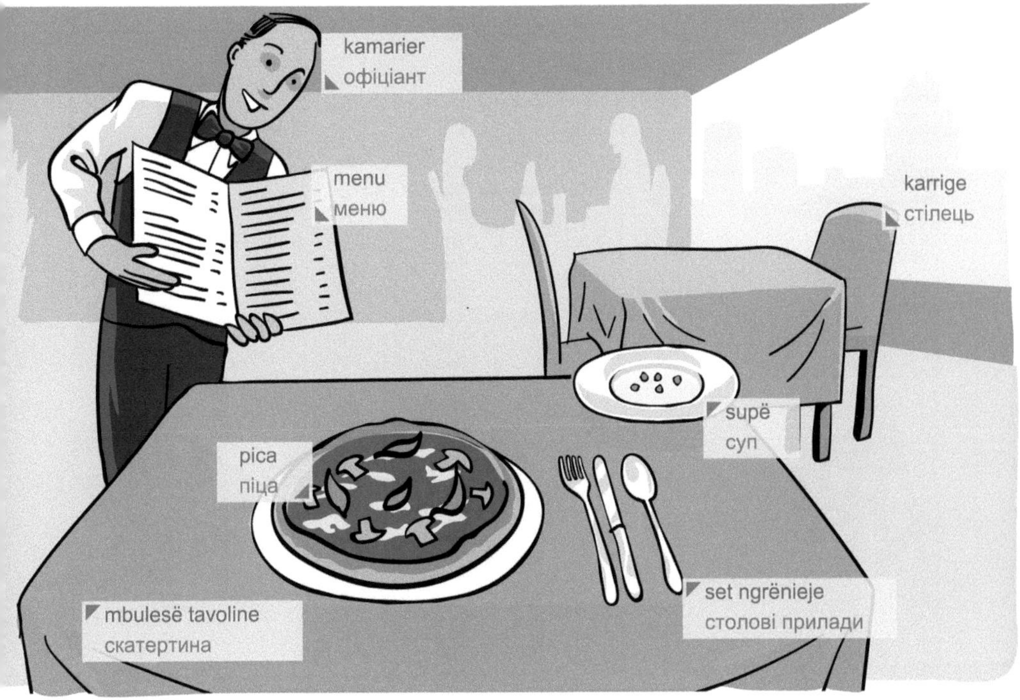
kamarier
офіціант
menu
меню
karrige
стілець
supë
суп
pica
піца
set ngrënieje
столові прилади
mbulesë tavoline
скатертина

pjatë e parë

закуска

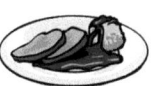

pjatë kryesore

друга страва

ëmbëlsirë

десерт

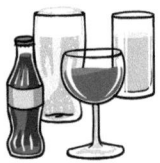

pije

напої

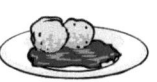

ushqim

їжа

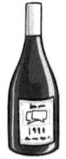

shishe

пляшка

ushqim i shpejtë

фаст-фуд

ushqim i shërbyer në rrugë

вулична їжа

ibrik çaji

чайник

kuti sheqeri

цукорниця

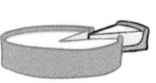

racion

порція

makinë kafeje ekspres

еспресо-машина

karrige e lartë

високий стільчик

faturë

рахунок

tabaka

піднос

thika

ніж

pirun

вилка

lugë

ложка

lugë çaji

чайна ложка

pecetë

серветка

gotë

склянка

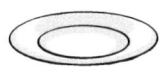

pjatë

тарілка

pjatë supe

тарілка для супу

pjatë filxhani

блюдце

salcë

соус

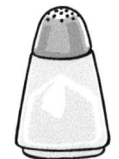

mbajtëse kripe

солонка

mulli piperi

млин для перцю

uthull

оцет

vaj

масло

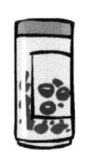

erëza

спеції

keçap

кетчуп

mustardë

гірчиця

majonezë

майонез

supermarket

супермаркет

ofertë speciale
пропозиція
klient
клієнт
produkte bulmeti
молочні продукти
frut
фрукти
karrocë pazari
візок для покупок
FOR

BUTCHERS

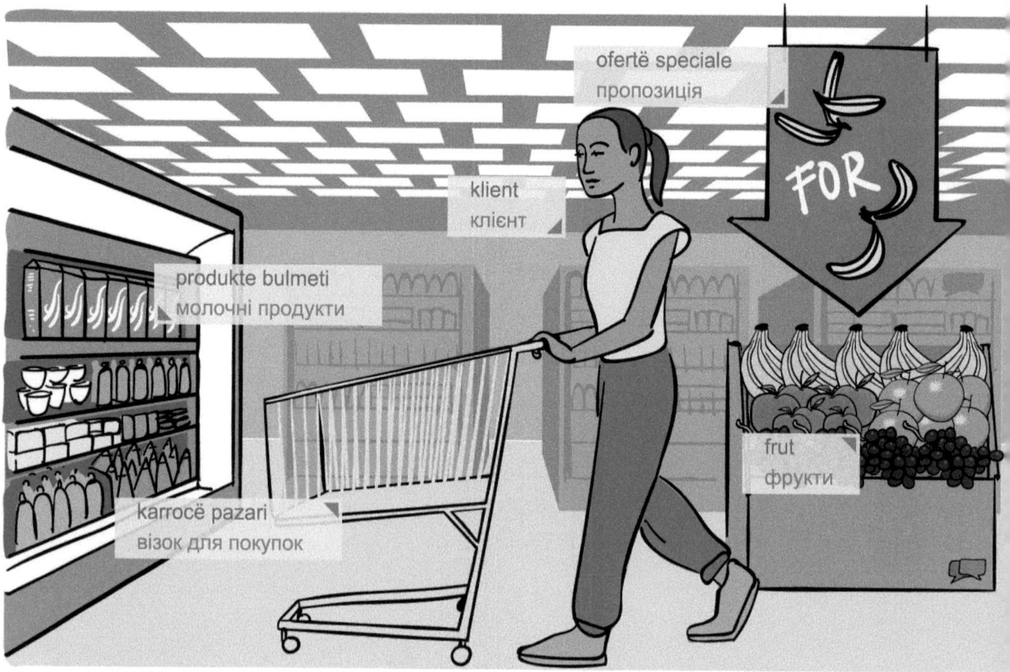

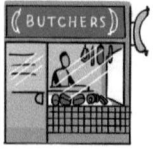

dyqan mishi

м'ясний магазин

BAKERY

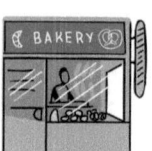

furrë buke

пекарня

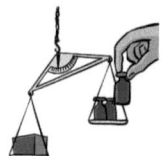

peshoj

зважувати

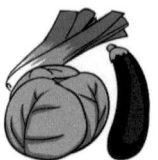

perime

овочі

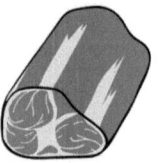

mish

м'ясо

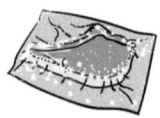

ushqim i ngrirë

заморожені продукти

copë

ковбасна нарізка

ushqim i konservuar

консерви

pluhur larës

пральний порошок

ëmbëlsirat

солодощи

prodhime shtëpie

предмети домашнього побуту

produkte pastrimi

мийний засіб

shitëse

продавщиця

kasë fiskale

каса

arkëtar

касир

listë blerjeje

список покупок

oraret e punës

часи роботи

portofol

гаманець

kartë krediti

кредитна картка

çantë

сумка

qese plastike

поліетиленовий пакет

ujë

вода

lëng frutash

сік

qumësht

молоко

koka-kola

кола

verë

вино

birrë

пиво

alkool

алкоголь

kakao

какао

çaj

чай

kafe

кава

kafe ekspres

еспресо

kapuçino

капучіно

banane

банан

mollë

яблуко

portokalle

апельсин

pjepër

кавун

limon

лимон

karrotë

морква

hudhër

часник

bambu

бамбук

qepë

цибуля

kërpudha

гриб

arra

горішки

makarona

локшина

spageti

спагеті

oriz

рис

sallatë

салат

patate të skuqura

картопля фрі

patate të skuqura

смажена картопля

pica

піца

hamburger

гамбургер

sanduiç

бутерброд

shnicel

шніцель

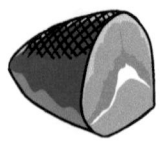

proshutë

шинка

sallam

салямі

salçiçe

ковбаса

pulë

курка

skuq

печеня

peshk

риба

tërshërë

вівсяні пластівці

drithëra

мюслі

kornfleiks

кукурудзяні пластівці

miell

борошно

kruasant

круасан

panine

булочка

bukë

хліб

tost

тостовий хліб

biskotë

печиво

gjalp

масло

gjizë

сир

tortë

пиріг

vezë

яйце

vezë sy

яєчня

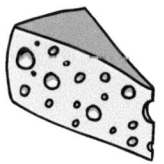

djathë

сир

akullore

морозиво

sheqer

цукор

mjaltë

мед

marmaladë

мармелад

çokokrem

нуга-крем

këri

карі

fermë
ферма

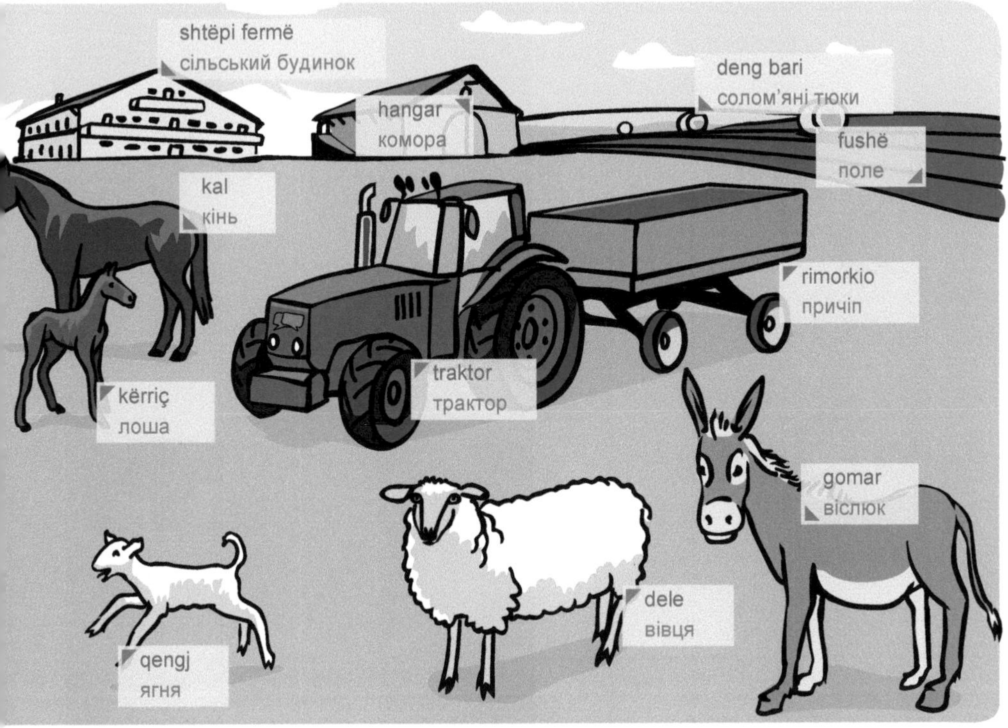

shtëpi fermë
сільський будинок
hangar
комора
deng bari
солом'яні тюки
fushë
поле
kal
кінь
rimorkio
причіп
traktor
трактор
kërriç
лоша
gomar
віслюк
dele
вівця
qengj
ягня

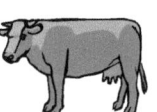

dhi

коза

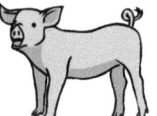

lopë

корова

viç

теля

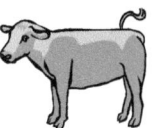

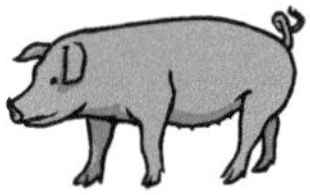

derr

свиня

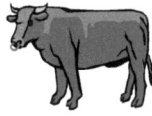

derrkuc

порося

dem

бик

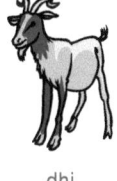

patë

гусак

rosë

качка

zog pule

курча

pulë

курка

gjel

півень

mi

щур

mace

кіт

mi

миша

buall

віл

qen

собака

kolibe qeni

собача будка

zorrë vaditëse

садовий шланг

vaditëse

лійка

kosë

коса

plug

плуг

drapër

серп

shat

мотика

kosa

вила

sëpatë

сокира

karrocë

тачка

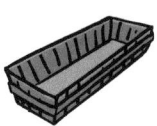

govatë

корито

bidon qumështi

бідон молока

thes

мішок

gardh

паркан

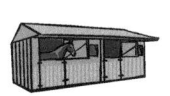

ahur

хлів

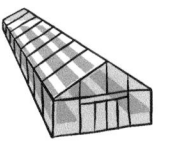

serë

теплиця

dhe

ґрунт

farë

насіння

pleh

добриво

autokombanjë

комбаин

korr

пожинати

te korrat

урожай

patate e ëmbël "Yam"

корінь ямсу

grurë

пшениця

soja

соя

patate

картопля

misër

кукурудза

raps

ріпак

pemë frutore

плодове дерево

zhardhok manioku

маніок

drithëra

злаки

shtëpi

дім

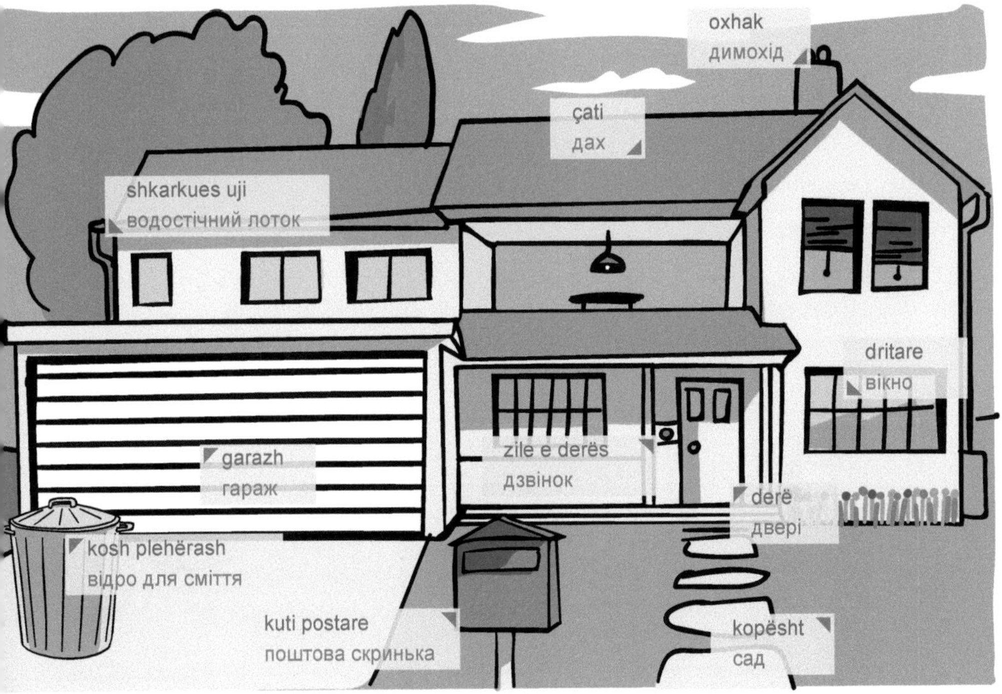
oxhak
димохід
çati
дах
shkarkues uji
водостічний лоток
dritare
вікно
zile e derës
дзвінок
garazh
гараж
derë
двері
kosh plehërash
відро для сміття
kuti postare
поштова скринька
kopësht
сад

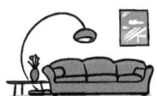

dhomë ndenjeje

вітальня

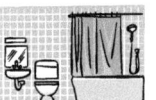

tualet

ванна кімната

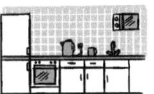

kuzhinë

кухня

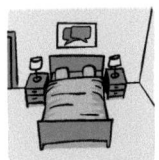

dhomë gjumi

спальня

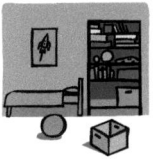

dhomë fëmijësh

дитяча кімната

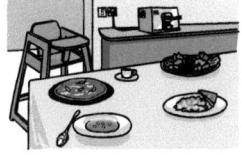

dhomë ngrënieje

їдальня

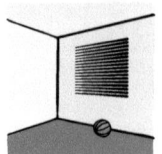

dysheme

підлога

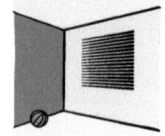

mur

стіна

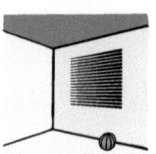

tavan

стеля

bodrum

підвал

sauna

сауна

ballkon

балкон

tarracë

тераса

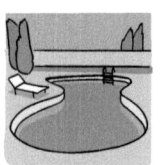

pishinë

басейн

kositëse bari

косарка

çarçaf

простирало

kuvertë

ковдра

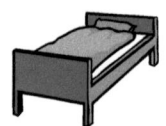

krevat

ліжко

fshesë dore

мітла

kovë

відро

çelës

перемикач

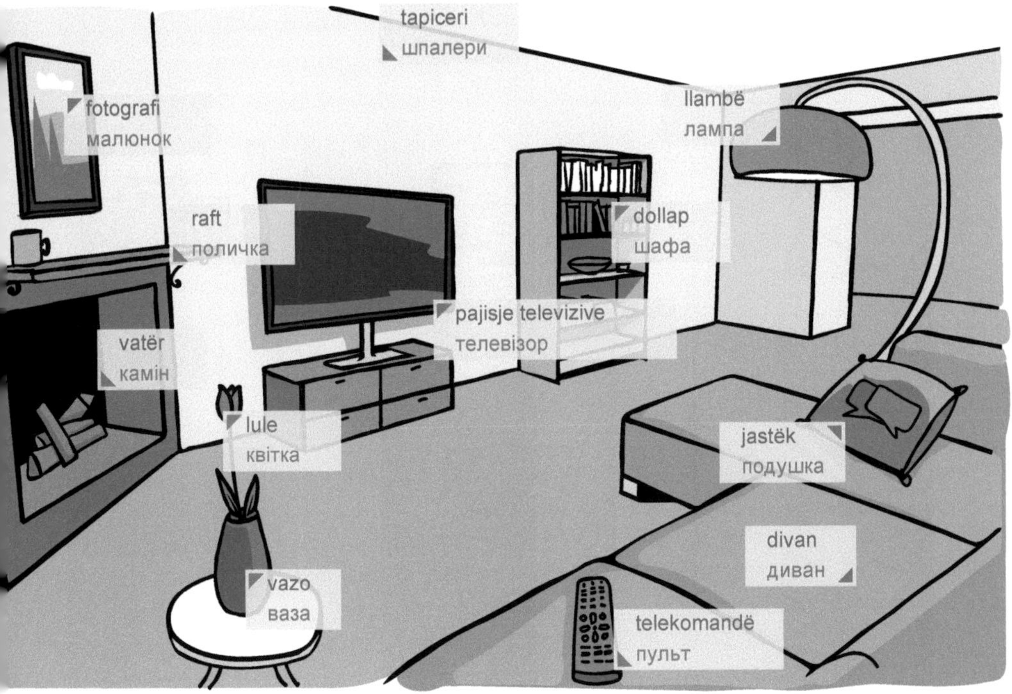

tapiceri
шпалери

fotografi
малюнок

llambë
лампа

raft
поличка

dollap
шафа

vatër
камін

pajisje televizive
телевізор

lule
квітка

jastëk
подушка

vazo
ваза

divan
диван

telekomandë
пульт

qilim

килим

perde

завіса

tavolinë

стіл

karrige

стілець

karrige lëkundëse

крісло-гойдалка

kolltuk

крісло

libri

книга

batanije

ковдра

zbukurime

прикраса

dru zjarri

дрова

film

фільм

stereo

стереосистема

çelës

ключ

gazetë

газета

pikturë

картина

afishe

плакат

radio

радіо

bllok shënimesh

блокнот

fshesë me korent

пилосос

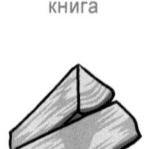

kaktus

кактус

qiri

свічка

kuzhinë
кухня

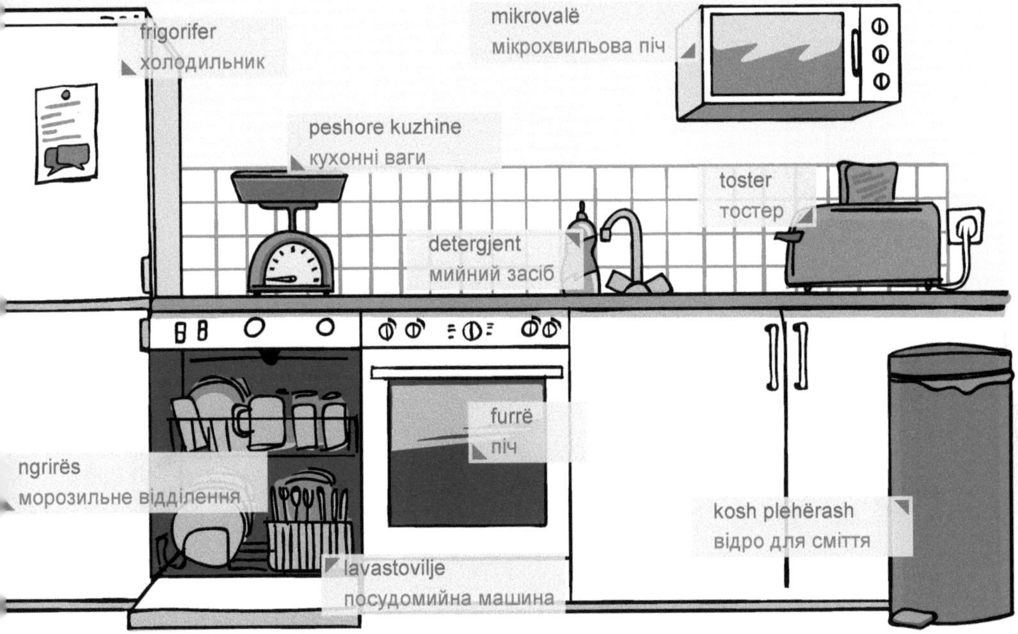
frigorifer
холодильник
mikrovalë
мікрохвильова піч
peshore kuzhine
кухонні ваги
toster
тостер
detergjent
мийний засіб
furrë
піч
ngrirës
морозильне відділення
kosh plehërash
відро для сміття
lavastovilje
посудомийна машина

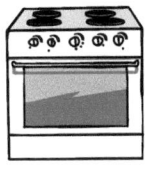

sobë

плита

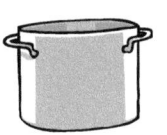

tenxhere

горщик

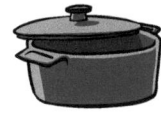

tenxhere me kapak

чавунний горщик

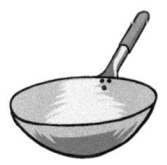

tigan special (Wok)

вок / кадай

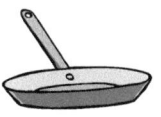

tigan

сковорода

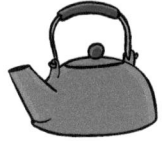

çajnik

чайник

tenxhere me avull

пароварка

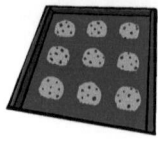

tavë pjekjeje

лист

enë

посуд

filxhan

кухоль

tas

чаша

shkopinj

палички для їжі

garuzhde

черпак

spatul

лопатка

tel kuzhine

вінчик для збивання

kulluese

сито

sitë

сито

rende

терка

havan

ступка

skarë

барбекю

zjarr

багаття

dërrasë për prerje

дошка

okllai

качалка

heqëse tapash

штопор

kanaçe

конзерва

hapëse kanaçeje

відкривачка

rrobë për të kapur tenxheren

прихватки

lavaman

раковина

furçë

щітка

sfungjer

губка

përzjerës

міксер

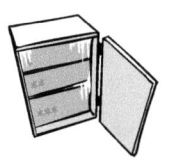

ngrirës

морозильна камера

biberon për lëngje

дитяча пляшка

rubinet

кран

tualet

ванна кімната

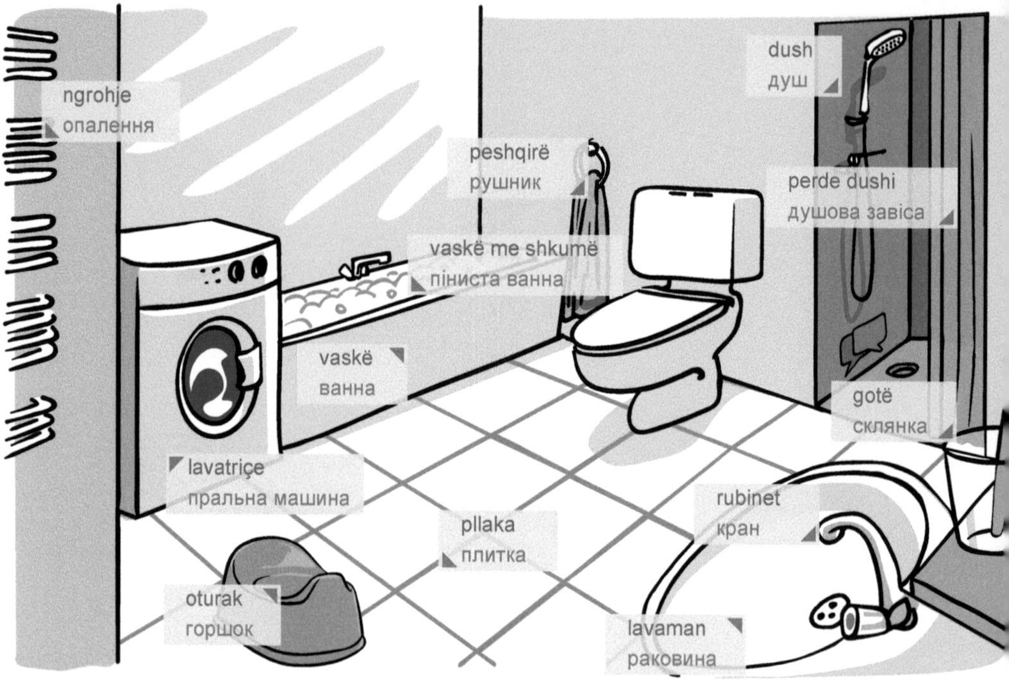

ngrohje
опалення
peshqirë
рушник
dush
душ
perde dushi
душова завіса
vaskë me shkumë
пiниста ванна
vaskë
ванна
gotë
склянка
lavatriçe
пральна машина
rubinet
кран
pllaka
плитка
oturak
горшок
lavaman
раковина

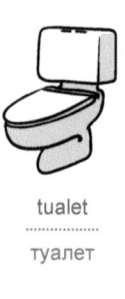

tualet

туалет

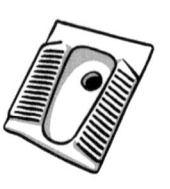

WC e sheshtë

підлоговий туалет

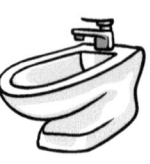

bide

біде

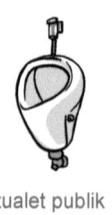

tualet publik

пісуар

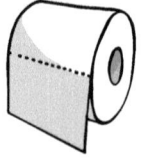

letër higjienike

туалетний папір

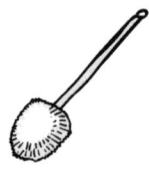

furçe për WC

щітка для туалету

furçë dhëmbësh

зубна щітка

pastë dhëmbësh

зубна паста

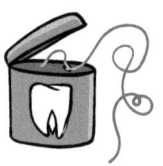

fije dentare

нитка для чищення зубів

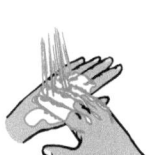

laj

мити

dorezë dushi

ручний душ

larës për zonën intime

інтимний душ

legen

таз

furçë për masazh shpine

щітка для спини

sapun

мило

shampo trupi

гель для душу

shampo

шампунь

leckë pastruese

мочалка

kullues

водостік

krem

крєм

antidjersë

дезодорант

pasqyrë

дзеркало

pasqyrë dore

косметичне дзеркало

brisk rroje

бритва

shkumë rroje

піна для гоління

locion pas rrojes

лосьйон після гоління

krehër

гребінь

furçë

щітка

tharëse flokësh

фен

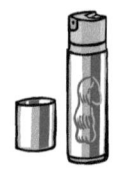

llak për flokët

лак для волосся

grim

косметика

buzëkuq

губна помада

manikyr

лак для нігтів

mbushje pambuku

вата

gërshërë për thonj

ножиці для нігтів

parfum

парфум

ntë për sendet personale

косметичка

Stol

табурет

peshore

ваги

robëdëshambër

халат

dorashka gome

гумові рукавички

tampon

тампон

peceta higjienike

гігієнічні прокладки

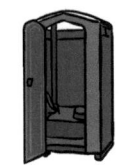

tualet I lëvizshëm

біотуалет

dhomë fëmijësh

дитяча кімната

orë me zile
будильник
lodra me pellushë
м'яка іграшка
makinë lodër
іграшковий автомобіль
rraketake
брязкальце
shtëpi kukullash
ляльковий будиночок
dhuratë
подарунок

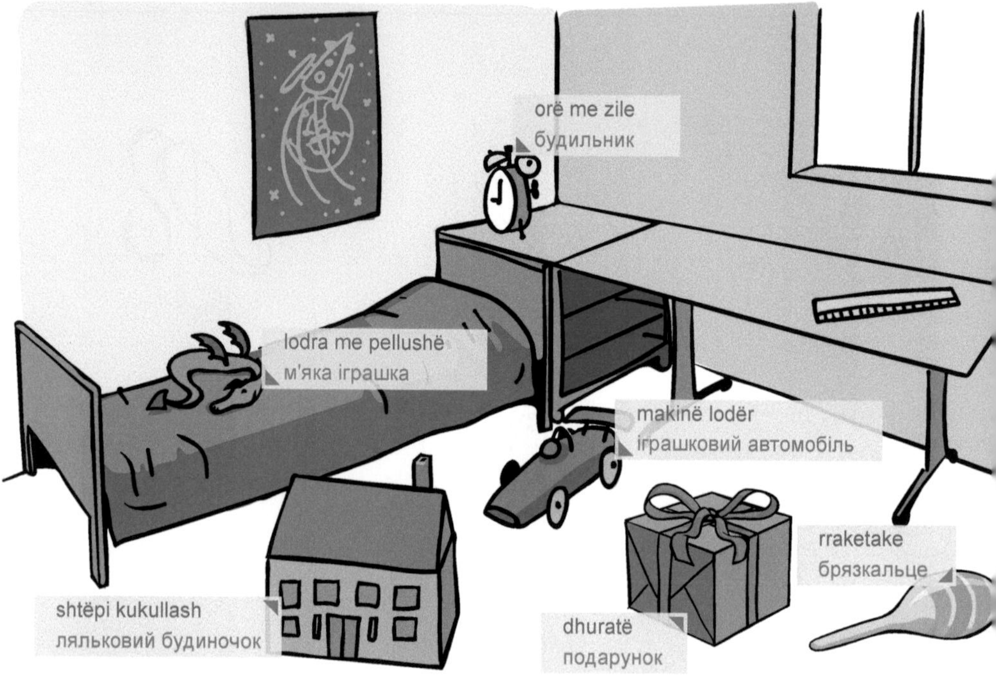

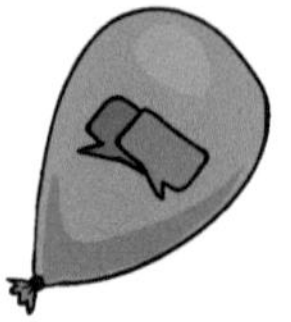

tollumbace

повітряна кулька

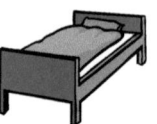

krevat

ліжко

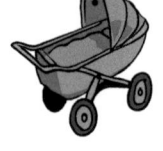

karrocë fëmijësh

дитячий візок

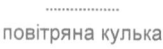

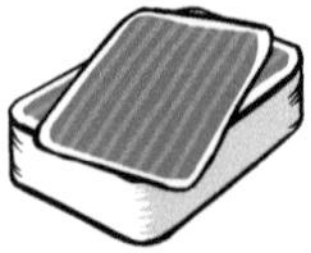

lojë me letra

картярська гра

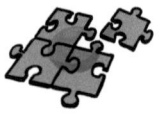

bashkim pjesësh me figura

пазл

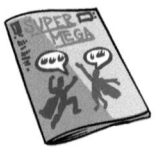

komik

комікс

formuese lodër

лего цеглинки

kuba plastikë

блоки

lodra

іграшкова фігурка

badi

повзунки

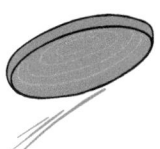

frizbi

фризбі

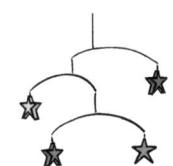

lodra të varura tek krevati i fëmijëve

мобіле

tavolinë lojërash

настільна гра

zare

кубик

model treni

модель залізнична станція

biberon

соска

festë

вечірка

libër me ilustrime

книжка з картинками

top

м'яч

kukull

лялька

luaj

грати

grumbull rëre

пісочниця

kolovarëse

гойдалка

lodra

іграшка

leva për lojra video

гральна консоль

triçikël

триколісний велосипед

arush prej pellushi

плюшевий мішка

garderobë

шафа

veshje

одяг

çorape

шкарпетки

çorape të gjata

панчохи

geta

колготки

shall
шарф

çadër
парасоля

bluzë pa jakë
футболка

rrip
ремінь

çizme
чоботи

pantofla
домашнє взуття

atlete
кросівки

sandale
сандалі

këpucë
взуття

çizme llastiku
гумові чоботи

të mbathura
труси

reçipeta
бюстгальтер

kanotierë
нижня сорочка

trup
боді

pantallona
штани

xhinse
джинси

fund
спідниця

bluzë
блузка

këmishë
сорочка

pulovër
пуловер

triko
светр

xhaketë
піджак

xhaketë
куртка

pallto
пальто

mushama shiu
дощовик

kostum
костюм

fustan
сукня

fustan nusërie
весільна сукня

kostum

костюм

këmishë nate

нічна сорочка

pizhama

піжама

sari (veshje tradicionale indiane)

capi

shami koke

головна хустка

çallmë

чалма

shje për femrat e besimit musliman

бурка

kaftan (lloj veshjeje tradicionale)

кафтан

ferexhe

абая

kostum banje

купальник

rroba banje

плавки

pantallona të shkurtra

шорти

tuta sporti

тренувальний костюм

përparëse

фартух

dorashka

рукавички

kopsë

гудзик

syze

окуляри

byzylyk

браслет

gjerdan

ланцюг

unazë

кільце

vath

сережка

kapuç

шапка

varëse për pallto

плічка

kapele

капелюх

kravatë

краватка

zinxhir

застібка-блискавка

helmetë

шолом

tiranda

підтяжки

uniformë shkolle

шкільна форма

uniformë

уніформа

gushore

нагрудник

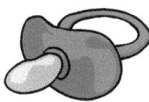

biberon

соска

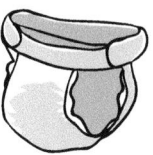

pelenë

підгузок

zyrë
офіс

letër
папір

skedar
шаф для документів

printer
принтер

server
сервер

ekran
монітор

tavolinë
письмовий стіл

maus
миша

dosje
папка

tastierë
синтезатор

kosh letrash
кошик для паперу

kompjuter
комп'ютер

karrige
стілець

filxhan kafeje

кавовий кухоль

makinë llogaritëse

калькулятор

internet

інтернет

kompjuter portativ

ноутбук

letër

лист

mesazh

повідомлення

telefon

мобільний телефон

rrjet

мережа

fotokopje

копіювальний пристрій

program

програмне забезпечення

telefon

телефон

prizë

розетка

pajisje faksi

факс

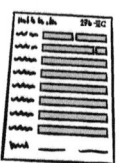

formular

бланк

dokument

документ

blej

купувати

paguaj

платити

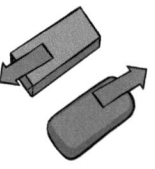

tregtoj

торгувати

para

гроші

dollar

долар

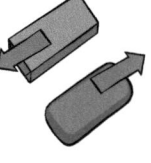

euro

євро

jen

ієна

rubla

рубль

franga zvicerane

франк

juani kinez

юанів женьміньбі

rupje

рупія

bankomat

банкомат

pikë këmbimi valutor

обмінний пункт

ar

золото

argjend

срібло

nafta

нафта

energji

енергія

çmim

ціна

kontratë

контракт

taksë

податок

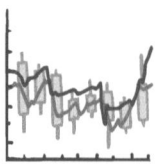

aksione

акція

punoj

працювати

punonjës

працівник

punëdhënës

роботодавець

fabrikë

фабрика

dyqan

магазин

profesionet
професії

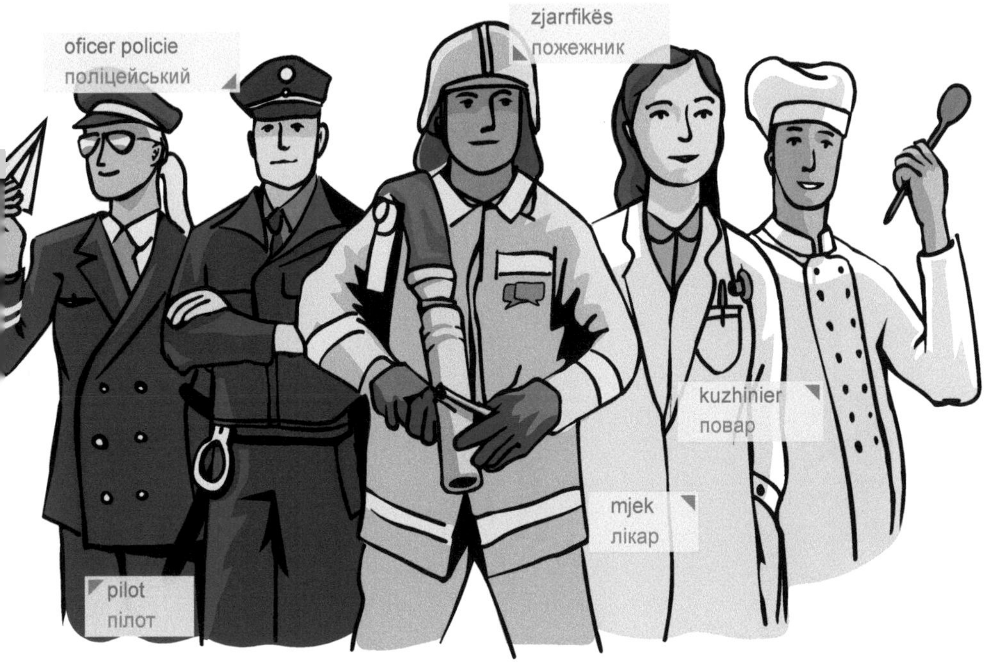
zjarrfikës
пожежник
oficer policie
поліцейський
kuzhinier
повар
mjek
лікар
pilot
пілот

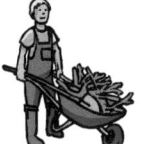

kopshtar

садівник

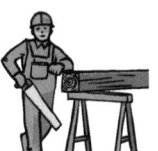

marangoz

столяр

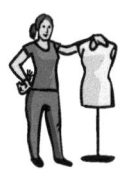

rrobaqepëse

швачка

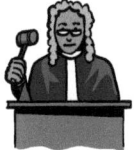

gjykatës

суддя

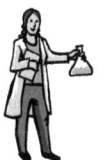

kimist

хімік

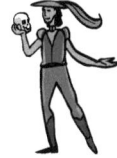

aktor

актор

shofer autobuzi

водій автобуса

taksist

таксист

peshkatar

рибалка

pastruese

прибиральниця

riparues çatish

покрівельник

kamarier

офіціант

gjuetar

мисливець

piktor

художник

furrxhi

пекар

elektriçist

електрик

ndërtues

будівельник

inxhinier

інженер

kasap

забійник

hidraulik

бляхар

postieri

листоноша

ushtar

солдат

arkitekt

архітектор

arkëtar

касир

luleshitës

флорист

berber

перукар

kontrollor

кондуктор

mekanik

механік

kapiten

капітан

dentist

дантист

shkencëtar

вчений

rabin

рабин

imam

імам

murg

монах

klerik

пастор

mjete
інструменти

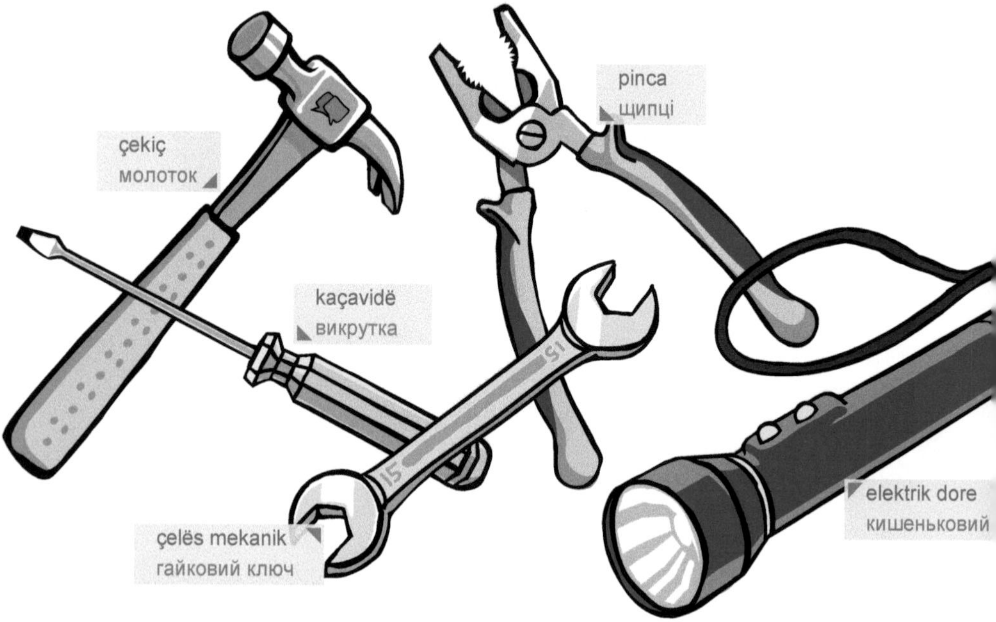
çekiç
молоток
pinca
щипці
kaçavidë
викрутка
çelës mekanik
гайковий ключ
elektrik dore
кишеньковий

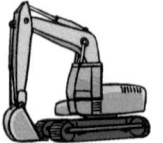

ekskavator

екскаватор

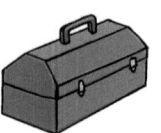

kuti veglash

ящик для інструментів

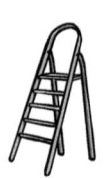

shkallë

драбина

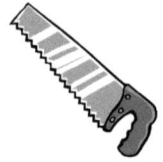

sharrë

пилка

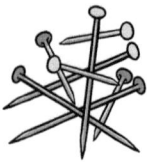

gozhdë

цвяхи

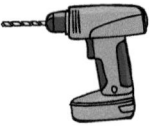

trapan

свердло

riparoj

ремонтувати

lopatë

лопата

Dreq!

лайно!

kaci

совок

kuti boje

відро з фарбою

vidhë

гвинти

instrumenta muzikorë
музичні інструменти

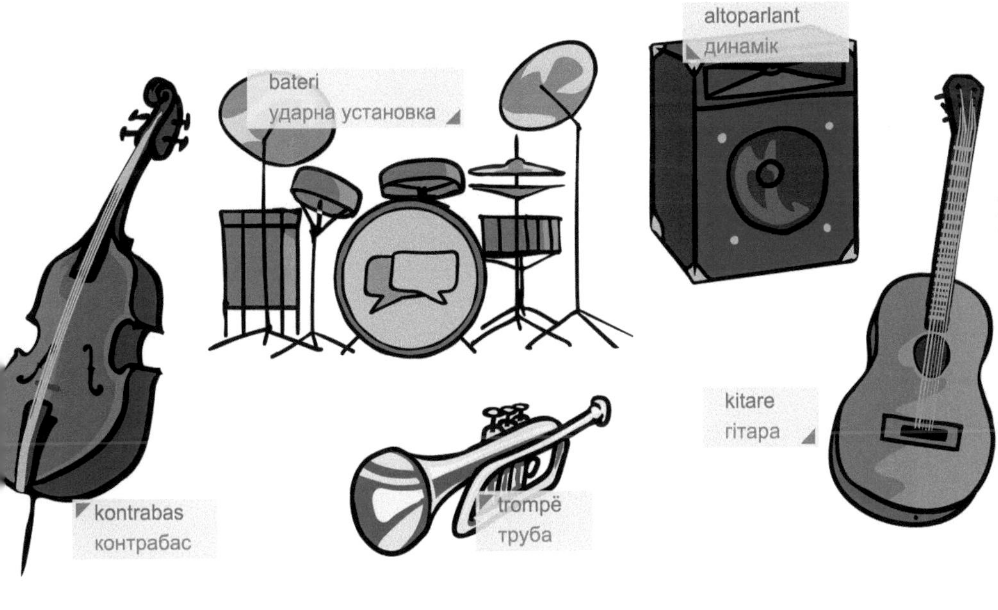

altoparlant
динамік

bateri
ударна установка

kitare
гітара

kontrabas
контрабас

trompë
труба

piano

фортепіано

violinë

скрипка

bas

бас

tamburë

литаври

daulle

барабан

tastierë pianoje

клавіатура

saksofon

саксофон

flaut

флейта

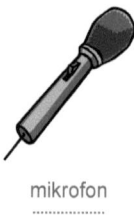

mikrofon

мікрофон

kopsht zoologjik

зоопарк

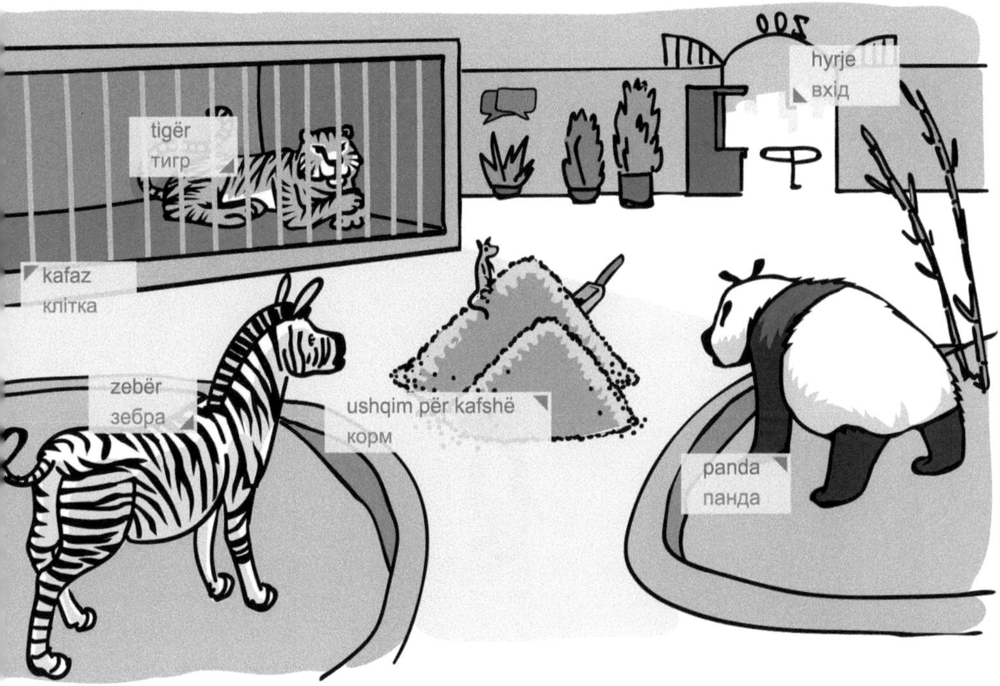
zoo
hyrje
вхід
tigër
тигр
kafaz
клітка
zebër
зебра
ushqim për kafshë
корм
panda
панда

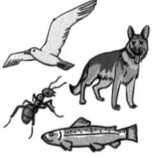

kafshë

тварини

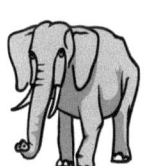

elefant

слон

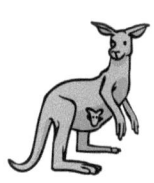

kangur

кенгуру

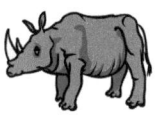

rinoceront

носоріг

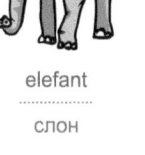

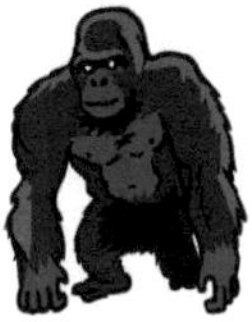

gorillë

горила

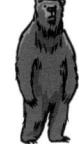

ari

ведмідь

deve

верблюд

struc

страус

luan

лев

majmun

мавпа

flamingo

фламінго

papagall

папуга

ari polar

білий ведмідь

pinguin

пінгвін

peshkaqen

акула

pallua

павич

gjarpër

змія

krokodil

крокодил

punonjës i kopshtit zoologjik

працівник зоопарку

fokë

тюлень

xhaguar

ягуар

poni

поні

leopard

леопард

hipopotam

гіпопотам

gjirafë

жираф

shqiponjë

орел

derr i egër

кабан

peshk

риба

breshkë

черепаха

lopë deti

морж

dhelpër

лисиця

gazelë

газель

futboll amerikan
американський футбол

çiklizëm
їзда на велосипеді

tenis
теніс

basketboll
баскетбол

not
плавання

boks
бокс

hokej mbi akull
хокей

futboll
футбол

badminton
бадмінтон

atletikë
легка атлетика

hendboll
гандбол

ski
лижні перегони

polo
поло

qesh
сміятися

hidhem
стрибати

përqafoj
обіймати

eci
йти

këndoj
співати

lutem
молитися

puth
цілувати

ёndёrroj
мріяти

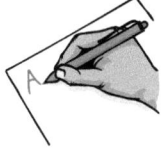

shkruaj

писати

vizatoj

малювати

tregoj

показувати

shtyj

тиснути

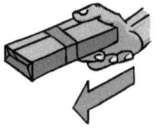

jap

давати

marr

брати

kam

мати

bëj

робити

jam

бути

qëndroj

стояти

vrapoj

бігати

tërheq

тягнути

hedh

кидати

bie

падати

shtrihem

лежати

pres

очікувати

mbaj

носити

ulem

сидіти

vishem

одягати

fle

спати

zgjohem

просипатися

shikoj

дивитися

qaj

плакати

përkëdhel

гладити

kreh

розчісувати

bisedoj

розмовляти

kuptoj

розуміти

kërkoj

питати

dëgjoj

слухати

pi

пити

ha

їсти

sistemoj

прибирати

dashuroj

любити

gatuaj

варити

drejtoj makinën

їхати

fluturoj

літати

lundroj

йти під вітрилом

llogaris

рахувати

lexoj

читати

mësoj

вчитися

punoj

працювати

martohem

одружуватися

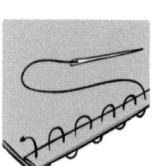

qep

шити

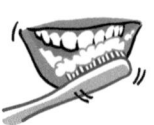

laj dhëmbët

чистити зуби

vras

убивати

tymos

курити

dërgoj

посилати

gjyshe
бабуся

gjysh
дідуся

baba
батько

nënë
мати

bebe
немовля

vajzë
донька

djalë
син

mysafir

гість

teze, hallë

тітка

dajë, xhaxha

дядько

vëlla

брат

motër

сестра

trupi

тіло

balli
чоло
syri
око
shpatulla
плече
gishti
палець
fytyra
обличчя
mjekra
підборіддя
dora
кисть
këmba
нога
krahërori
груди
krahu
рука

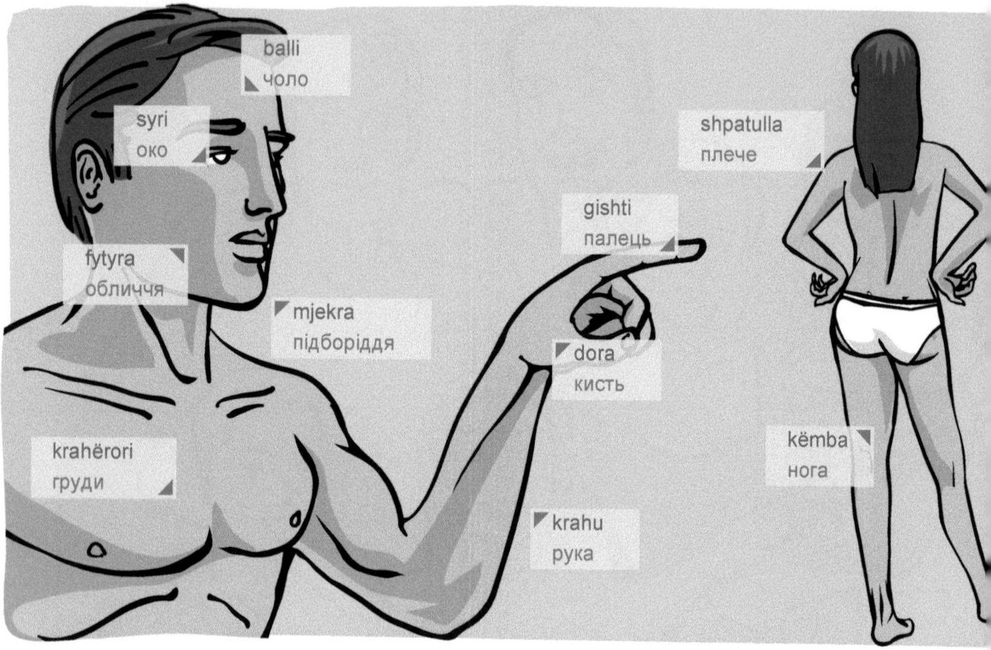

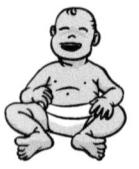

bebe

немовля

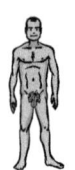

burrë

чоловік

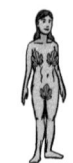

grua

жінка

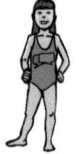

vajzë

дівчина

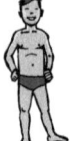

djalë

хлопчик

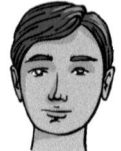

koka

голова

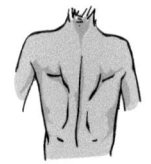

shpina

спина

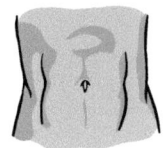

barku

живіт

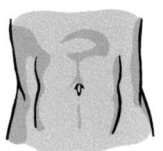

kërthiza

пуп

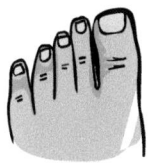

gisht këmbe

палець ноги

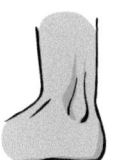

Thembra

п'ята

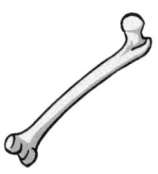

kockë

кістка

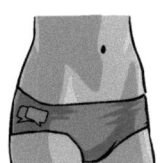

legeni

стегно

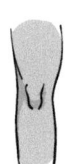

gjuri

коліно

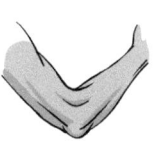

bërryli

лікоть

hunda

ніс

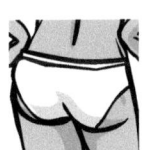

vithe

сідниці

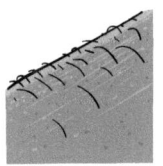

lëkura

шкіра

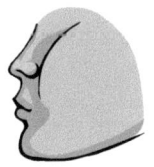

faqja

щока

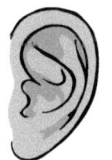

veshi

вухо

buza

губа

trupi - тіло

goja

рот

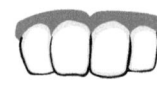

dhëmbët

зуб

gjuha

язик

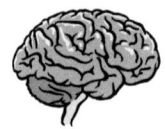

truri

мозок

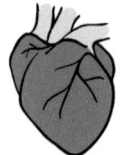

zemra

серце

muskul

м'яз

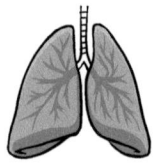

mushkëria

легені

mëlçia

печінка

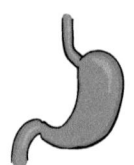

stomaku

шлунок

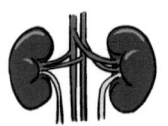

veshka

нирки

seks

статевий акт

prezervativ

презерватив

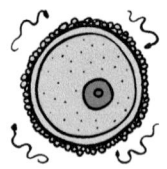

veza

яйцеклітина

sperma

сперма

shtatëzani

вагітність

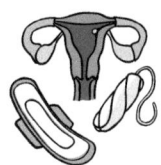

menstruacione
менструація

vagina
вагіна

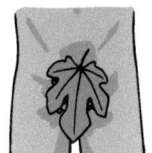

penis
пеніс

vetulla
брова

flokët
волосся

qafa
шия

spital
лікарня

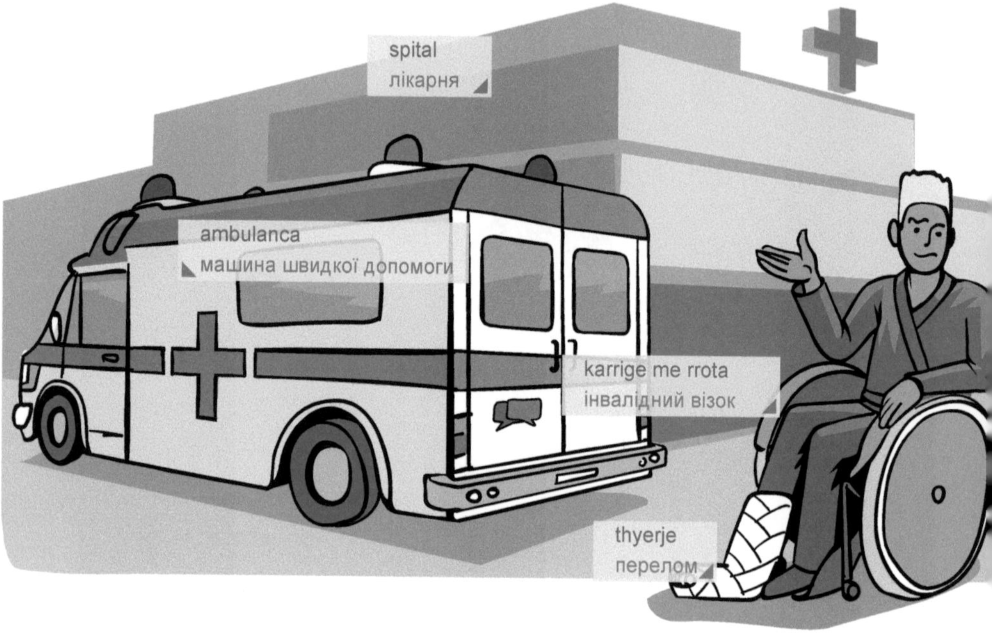

spital
лікарня
ambulanca
машина швидкої допомоги
karrige me rrota
інвалідний візок
thyerje
перелом

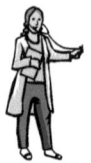

mjek
лікар

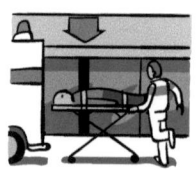

sallë urgjencash
відділення швидкої медичної допомоги

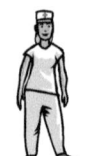

infermiere
медсестра

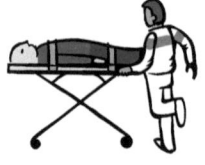

emergjencë
аварійний випадок

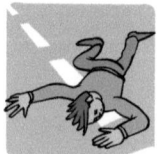

i pandërgjegjshëm
непритомний

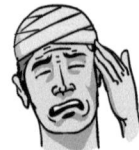

dhimbje
біль

dëmtim

травма

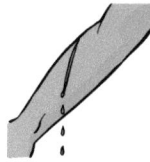

gjakosje

кровотеча

infarkt

інфаркт

goditje

інсульт

alergji

алергія

kolla

кашель

ethe

лихоманка

grip

грип

diarre

пронос

dhimbje koke

головна біль

kancer

рак

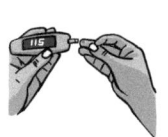

diabet

діабет

kirurg

хірург

bisturi

скальпель

operacion

операція

CT (skaner)

КТ

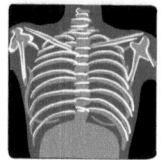

radiografi

рентген

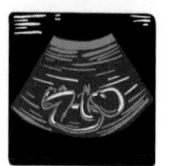

ultratingull

ультразвук

maskë fytyre

маска

sëmundje

хвороба

dhomë pritjeje

зал очікування

paterica

милиця

leukoplast

пластир

fasho

пов'язка

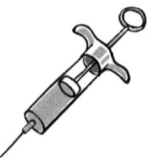

injeksion

ін'єкція

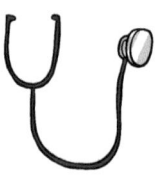

stetoskop

стетоскоп

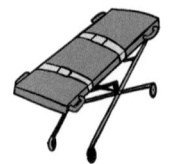

barelë

ноші

termometër

термометр

lindje

народження

mbipeshë

надмірна вага

aparat dëgjimi

слуховий апарат

dezinfektant

дезінфікуючий засіб

infeksion

інфекція

virus

вірус

HIV / AIDS

ВІЛ / СНІД

mjekësi, mjekim

медицина

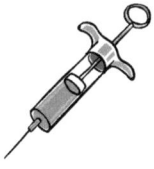

vaksinim

вакцинація

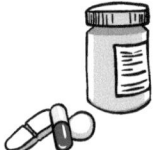

tableta

таблетки

pilulë

протизаплідна пігулка

telefonatë emergjence

екстрений виклик

aparat tensioni

тонометр

i sëmurë / i shëndetshëm

хворий / здоровий

Ndihmë!

Допоможіть!

alarm

сигнал тривоги

sulm

напад

atak

атака

rrezik

небезпека

dalje emergjence

аварійний вихід

Zjarr!

Вогонь!

fikëse zjarri

вогнегасник

aksident

аварія

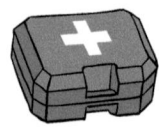

kuti e ndimës së shpejtë

аптечка

SOS

СОС

policia

поліція

Europa

Європа

Amerika e Veriut

Північна Америка

Amerika e Jugut

Південна Америка

Afrika

Африка

Azia

Азія

Australia

Австралія

Atlantiku

Атлантика

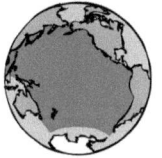

Paqësori

Тихий океан

Oqeani Indian

Індійський океан

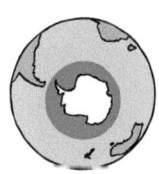

Oqeani Antarktik

Антарктичний океан

Oqeani Arktik

Північний Льодовитий
океан

Poli i verlut

Північний полюс

Poli i Jugut

Південний полюс

Antarktida

Антарктика

toka

Земля

tokë

суша

det

море

ishull

острів

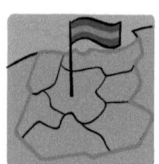

komb

нація

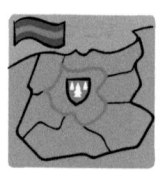

shtet

держава

fusha e orës

циферблат

akrepi i orës

годинникова стрілка

akrepi i minutave

хвилинна стрілка

akrepi i sekondave

секундна стрілка

Sa është ora?

Котра година?

ditë

день

kohë

час

tani

зараз

orë dixhitale

цифровий годинник

minutë

хвилина

orë

година

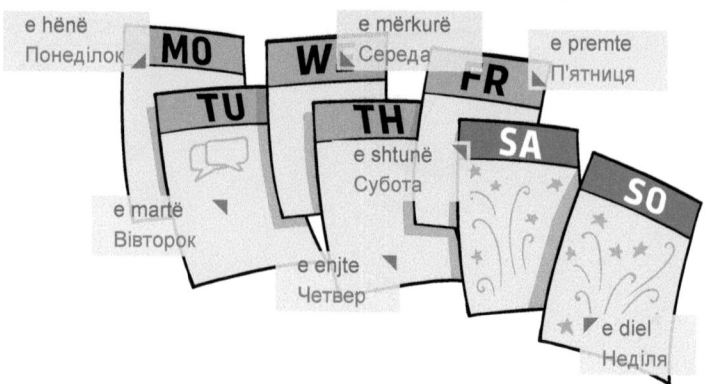

e hënë
Понеділок

e mërkurë
Середа

e premte
П'ятниця

e shtunë
Субота

e martë
Вівторок

e enjte
Четвер

e diel
Неділя

dje

вчора

sot

сьогодні

nesër

завтра

mëngjes

ранок

mesditë

опівдні

mbrëmje

вечір

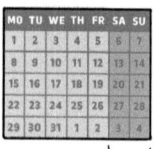

ditë pune

робочі дні

fundjavë

кінець робочого тижня

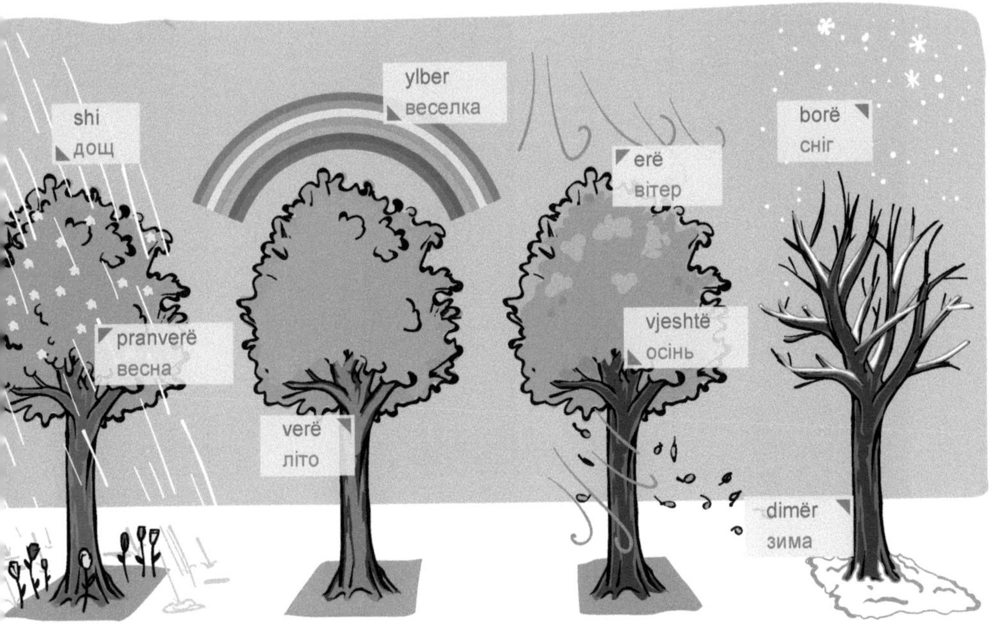

shi
дощ
ylber
веселка
erë
вітер
borë
сніг
pranverë
весна
vjeshtë
осінь
verë
літо
dimër
зима

4.APRIL 11°
5.APRIL 4°
6.APRIL 13°
7.APRIL 8°
8.APRIL 10°

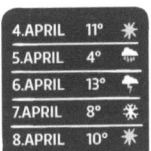

parashikimi i motit

прогноз погоди

F C
120 40
90 30
60 20
30 10
0 0
-30 -10
-20

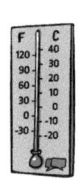

termometër

термометр

ndriçim dielli

сонячне світло

re

хмара

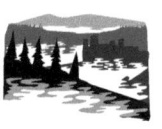

mjegull

туман

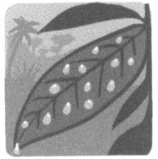

lagështi

вологість повітря

vetëtima

блискавка

gjëmim

грім

stuhi

шторм

breshër

град

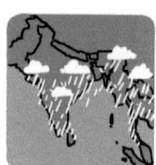

muson

мусон

përmbytje

повінь

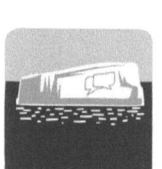

akull

лід

janar

Січень

shkurt

Лютий

mars

Березень

prill

Квітень

maj

Травень

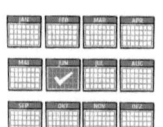

qershor

Червень

korrik

Липень

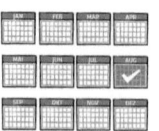

gusht

Серпень

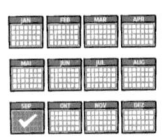

shtator
....
Вересень

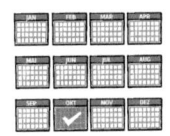

tetor
....
Жовтень

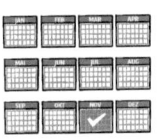

nëntor
....
Листопад

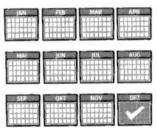

dhjetor
....
Грудень

forma
форми

rreth
....
круг

katror
....
квадрат

drejtkëndësh
....
прямокутник

trekëndësh
....
трикутник

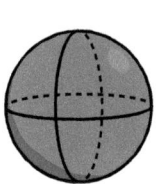

sferë
....
куля

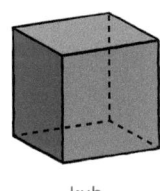

kub
....
куб

e bardhë

білий

e verdhë

жовтий

portokalli

помаранчевий

rozë

рожевий

e kuqe

червоний

vjollcë

фіолетовий

blu

синій

e gjelbër

зелений

kafe

коричневий

gri

сірий

e zezë

чорний

shumë / pak

багато / мало

i nevrikosur / i qetë

лютий / мирний

i bukur / i shëmtuar

гарний / бридкий

fillim / fund

початок / кінець

i madh / i vogël

великий / малий

i ndritshëm / i errët

світлий / темний

vëlla / motër

брат / сестра

e pastër / e pistë

чистий / брудний

e plotë / jo e plotë

завершений /
незавершений

ditë / natë

день / ніч

gjallë / vdekur

мертвий / живий

i gjerë / i ngushtë

широкий / вузький

i ngrënshëm / i pangrënshëm

їстівний / неїстівний

i keq / i këndshëm

злий / дружній

i lumtur / i mërzitur

збуджений / нудьгуючий

i shëndoshë / i dobët

товстий / тонкий

e para / e fundit

спочатку / востаннє

mik / armik

друг / ворог

plot / bosh

повний / порожній

e fortë / e butë

жорсткий / м'який

e rëndë / e lehtë

важкий / легкий

uri / etje

голод / спрага

i sëmurë / i shëndetshëm

хворий / здоровий

e paligjshme / e ligjshme

незаконний / законний

i zgjuar / budalla

розумний / дурний

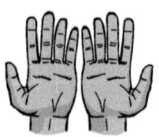

majtas / djathtas

вліво / вправо

afër / larg

поруч / далеко

e re / e përdorur

овий / використаний

asgjë / diçka

нічого / щось

i moshuar / i ri

старий / молодий

ndezur / fikur

вкл / викл

hapur / mbyllur

відкрито / закрито

i qetë / i zhurmshëm

тихо / гучно

i pasur / i varfër

багатий / бідний

e drejtë / e gabuar

правильно / неправильно

i ashpër / i butë

шорсткий / гладкий

i mërzitur / i lumtur

сумний / щасливий

i shkurtër / i gjatë

короткий / довгий

ngadalë / shpejt

повільно / швидко

i lagësht / i thatë

вологий / сухий

ngrohtë / freskët

гарячий / холодний

luftë / paqe

віина / мир

0

zero

нуль

1

një

один

2

dy

два

3

tre

три

4

katër

чотири

5

pesë

п'ять

6

gjashtë

шість

7

shtatë

сім

8

tetë

вісім

9

nentë

дев'ять

10

dhjetë

десять

11

njëmbëdhjetë

одинадцять

12

dymbëdhjetë

дванадцять

13

trembëdhjetë

тринадцять

14

katërmbëdhjetë

чотирнадцять

15

pesëmbëdhjetë

п'ятнадцять

16

gjashtëmbëdhjetë

шістнадцять

17

shtatëmbëdhjetë

сімнадцять

18

tetëmbëdhjetë

вісімнадцять

19

nentëmbëdhjetë

дев'ятнадцять

20

njëzetë

двадцять

100

qind

сто

1.000

mijë

тисяча

1.000.000

milion

мільйон

anglisht

англійська

anglishte amerikane

американська англійська

kinezisht mandarin

китайська
високочиновницька

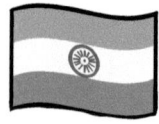

hindi

хінді

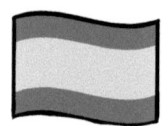

spanjisht

іспанська

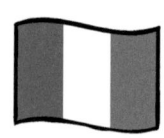

frëngjisht

французька

arabisht

арабська

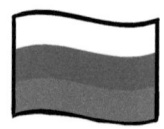

rusisht

російська

portugalisht

португальська

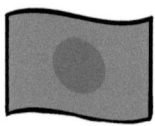

bengalisht

бенгальська

gjermanisht

німецька

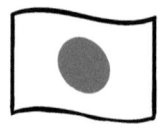

japonisht

японська

une

я

ti

ти

ai / ajo

він / вона / воно

ne

ми

ju

ви

ata

вони

kush?

хто?

çfarë?

що?

si?

як?

ku?

де?

kur?

коли?

emër

ім'я

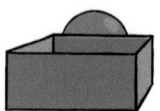

pas

ззаду

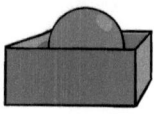

në

в

përballë

перед

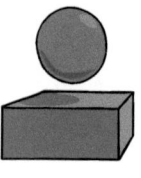

sipër

над

mbi

на

poshtë

під

pranë

біля

midis

між

vend

місце